COLLECTION DE M. D....

Deuxième Vente

DESSINS & AQUARELLES

ANCIENS ET MODERNES

PARIS 1896

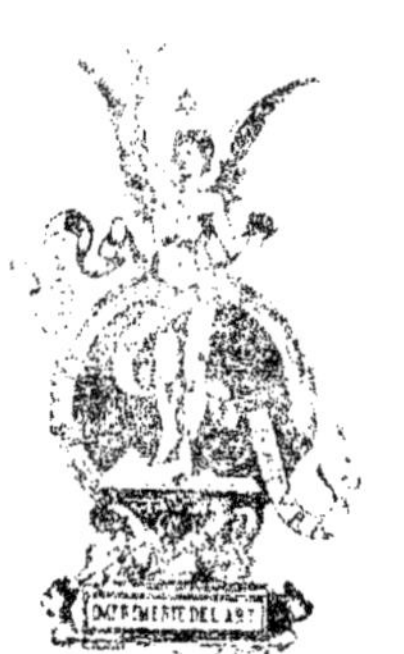

CATALOGUE

DE

DESSINS ET AQUARELLES

Anciens et Modernes

Parmi lesquels on remarque

DANS LES ANCIENS DES ŒUVRES DE

Boucher, Caresme, Cochin, Eïsen, Fragonard, Gravelot
Greuze, Hubert Robert, Huet, Lancret, Le Prince, Marillier, Moreau
Rembrandt, Saint-Aubin, Tiepolo, etc.

DANS LES MODERNES

Baudry, Besnard, Boudin, Charlet, Corot, Delacroix
De Penne, Diaz, G. Ferrier, Ingres, Millet, Pils, Raffet
Th. Rousseau, Troyon, etc.

Provenant de la Collection de M. D...

ET DONT LA VENTE AURA LIEU

HOTEL DROUOT, SALLE N° 7

Le Lundi 14 Décembre 1896

A DEUX HEURES

COMMISSAIRE-PRISEUR

Me PAUL CHEVALLIER

10, rue Grange-Batelière, 10

EXPERTS

MM. FÉRAL Père & Fils

54, Faubourg-Montmartre, 54

Chez lesquels se trouve le présent Catalogue

EXPOSITION PUBLIQUE

Le Dimanche 13 Décembre 1896, de 1 heure 1/2 à 5 heures 1/2

CONDITIONS DE LA VENTE

Elle sera faite au comptant.

Les acquéreurs payeront *cinq pour cent* en sus des adjudications.

Paris. — Imp. de l'Art, E. MOREAU ET Cie, 41, rue de la Victoire.

DÉSIGNATION

DESSINS ET AQUARELLES ANCIENS

BOUCHER

(F.)

1 — *Jeune femme au repos.*

Crayon noir rehaussé de blanc.
Cadre en bois sculpté.

BOUCHER

(F.)

2 — *Femme nue et couchée.*

Crayon noir rehaussé de blanc.

BOUCHER
(F.)

3 — *Tête de jeune fille.*

Crayon noir et pastel.

BOUCHER
(Attribué à F.)

4 — *Femme couchée.*

Sanguine rehaussée de blanc.

BOUCHER
(Genre de F.)

5 — *Jeune femme lisant.*

Sanguine et pierre d'Italie.

CARESME

6 — *Danse de faunes et de bacchantes.*

Plume et sépia.

CLODION

7 — *L'Amour dominant la Force.*

Dessin au crayon et estompé, rehaussé de blanc.

COCHIN

(N.)

8 — *La France protégeant le roi.*

Deux dessins dans le même cadre.

COCHIN

9 — *La Gloire couronnant le roi Louis XV.*

Deux dessins dans le même cadre.
Plume et encre de Chine.

COCHIN

10 — *Le bon Vieillard.*

Dessin à la sanguine, de forme ronde.

COURTOIS

(Dit LE BOURGUIGNON)

11 — *Choc de cavalerie.*

Lavis et crayon noir, rehaussé de blanc.

COYPEL

(NOEL)

12 — *Nymphes chasseresses.*

Sanguine.

COYPEL

(NOEL)

13 — *Flore et amours.*

Projet de plafond.
Sépia et sanguine rehaussées de blanc.

COYPEL

(A.)

14 — *Apollon et les muses.*

Signé et daté 1688.
Crayon noir et sanguine rehaussés de blanc.

DEBUCOURT

(Genre de)

15 — *Le Billet de logement.*

Encre de Chine.

DESFRICHES

16 — *Paysage avec figures.*

DESFRICHES

17 — *Entrée de village.*

Pierre d'Italie et aquarelle.

DESFRICHES

18 — *Paysage.*

Mine de plomb sur papier préparé.

DESRAIS

19 — *Scène de la Jérusalem délivrée.*

Dessin à la mine de plomb sur vélin.

DESRAIS

20 — *Vénus et l'amour.*

Plume.

DESRAIS

21 — *Sujet allégorique.*

Plume et sépia.

DESRAIS

(DEUX PENDANTS)

22 — *Scène d'intérieur.*

Sépia.

DUSART

(C.)

23 — *Intérieur de paysans*

Signé.
Plume et encre de Chine.

EÏSEN

24 — *Dessin d'illustration.*

Mine de plomb.
Cadre en bois.

EÏSEN

25 — *Dessin d'illustration.*

Encre de Chine.

FRA BARTOLOMÉO

(Attribué à)

26 — *Figure.*

A la plume.

FRAGONARD

27 — *La Lecture.*

Jolie sépia.

(Provenant de la vente Walferdin).

FRAGONARD

(Attribué à)

28 — *L'atelier de l'artiste.*

Sanguine.

FRAGONARD

(Attribué à)

29 — *Jeu de satyres.*

Pierre d'Italie.

GELLÉE

(Attribué à CLAUDE)

30 — *Paysage avec figures et animaux.*

Plume et encre de Chine.

GRAVELOT

31 — *L'Éloquence.*

Plume et sépia.
Dessin pour l'Iconologie.

GRAVELOT

(Attribué à)

32 — *Berger et jeunes femmes.*

Vignette.
Plume et encre de Chine.

GREUZE

(J.-B.)

33 — *La Diseuse de bonne aventure.*

Encre de Chine.
Cadre en bois sculpté.

GREUZE

(J.-B.)

34 — *Le sommeil de l'Amour.*

Encre de Chine.

GREUZE

(J.-B.)

35 — *La Grand'Mère.*

Crayon et encre de Chine.

GREUZE

(Attribué à J.-B.)

36 — *Jeune garçon tenant un chien dans ses bras.*

Encre de Chine rehaussée d'aquarelle.

GUARDI

(Genre de F.)

37 — *Marine.*

Aquarelle.

GUASPRE POUSSIN

38 — *Paysage.*

Plume et lavis.

GUERCHIN

39 — *La Vierge et l'Enfant Jésus.*

Sanguine.

HOIN

(Genre de)

40 — *Le Jeu de cache-cache.*

Aquarelle.

HUCHTENBURGH

41 — *Le Départ pour la chasse.*

Sanguine signée du monogramme.

HUET

(J.-B.)

42 — *Pastorale.*

Aquarelle.

HUET

43 — *Pastorale.*

Aquarelle.

HUET

(J.-B.)

44 — *Bergère, enfant et troupeau.*

Crayon noir rehaussé de blanc.

HUET

45 — *Moutons au repos.*

Trois dessins dans le même cadre.

HOREMANS

(Attribué à)

46 — *Le Menuet au cabaret.*

Sanguine.

LAGRENÉE

47 — *Mercure remettant Bacchus aux mains d'Ino.*

Plume et lavis de bistre, rehaussé de blanc.

LAGRENÉE

48 — *Le Triomphe d'Amphitrite.*

Lavis à la sépia.

LALLEMAND

49 — *Danse champêtre.*

Aquarelle.

LANCRET

(N.)

50 — *Deux Gentilshommes.*

Sanguine.

LE BARBIER

(L'Aîné)

51 — *L'Automne.*

LEBRUN

52 — *L'Enlèvement de Proserpine.*

Lavis et crayon noir, rehaussé de blanc.

LEBRUN

53 — *Hercule étrangle le lion de la forêt de Némée.*

Crayon et lavis, rehaussé de blanc.

LE CLERC

54 — *Jeune femme lisant.*

Sanguine rehaussée de blanc.
Gravé par Julien.
Cadre en bois sculpté.

LE PAON

55 — *Choc de cavalerie.*

Sépia.
Signé.

LE PRINCE
(J.-B.)

56 — *Femme russe debout.*

Estompe et sanguine.
Signé du monogramme et daté 1759.

LE PRINCE
(J.-B.)

57 — *Le Charlatan.*

Sépia.
Signé à gauche et daté 1789.

MARILLIER

DEUX PENDANTS

58 — *L'Enlèvement.*

L'Orage favorable.

Fins dessins à la mine de plomb.

MICHEL-ANGE

(Attribué à)

59 — *Étude pour un Orphée.*

Plume.

(Le Musée du Louvre conserve deux études de Michel-Ange à peu près semblables.)

MONNET

60 — *Sujet mythologique.*

Plume et sépia.

MOREAU LE JEUNE

61 — *Le Pavillon chinois, à Neuilly.*

Sépia.

MOREAU

(LOUIS)

62 — *Bords de rivière.*

Aquarelle.

MOREAU

(LOUIS)

DEUX PENDANTS

63 — *Paysages avec ruines.*

Gouaches.

Signées du monogramme.

MOREAU
(LOUIS)

64 — *Paysage avec rochers et cour d'eau.*

Gouache.

MOREAU
LOUIS)

DEUX PENDANTS)

65 -- *Paysages avec rochers.*

Gouaches.

NATOIRE

66 — *Bacchante au repos.*

Crayon noir.

NATOIRE

67 — *Vue d'un parc à Arcueil.*

Aquarelle.

OMMEGANCK

68 — *Animaux au pâturage.*

Encre de Chine.

PATER

(Genre de)

69 — *Le Repas à la campagne.*

Trois crayons.

PORTAIL

70 — *Le Concert.*

Sanguine et mine de plomb.

REMBRANDT

71 — *Idylle de Théocrite.*

Plume.

REMBRANDT

(Attribué à)

72 — *Le Christ au prétoire.*

Dessin à la plume.

REMBRANDT

(Attribué à)

73 — *La Fuite en Egypte.*

Bon dessin.
Plume et sépia.

REMBRANDT
(Genre de)

74 — *Scène d'intérieur.*

Plume et sépia.

ROBERT
(HUBERT)

75 — *Palais avec terrasse.*

Aquarelle.

ROBERT
(HUBERT)

76 — *Une Colonnade.*

Aquarelle.

ROBERT
(HUBERT)

77 — *Environs de Rome.*

Sanguine.
Signé et daté 1759.

ROBERT
(HUBERT)

78 — *Ruine romaine avec personnages.*

Sépia.

ROBERT
(HUBERT)

79 — *Monuments de Rome.*

Sépia.

ROBERT
(HUBERT)

80 — *Paysage avec rochers, cours d'eau et personnages.*

ROBERT
(Attribué à HUBERT)

81 — *Monuments avec figures.*

Plume, encre de Chine et sépia.

SAINT-AUBIN
(G.)

82 — *Scène de Tarquin le Superbe.*

Dessin rehaussé d'aquarelle.

SAINT-AUBIN
(Attribué à G. de)

83 — *Pastorale.*

Sanguine et lavis.

TIÉPOLO

(J.-B.)

84 — *Antoine et Cléopâtre.*

Plume et sépia.

TIÉPOLO

(J.-B.)

85 — *Antoine et Cléopâtre.*

Plume et encre de Chine.

TINTORET

(Genre du)

86 — *L'Ensevelissement du Christ.*

Sépia

TITIEN

87 — *Paysage avec figures et animaux.*

Beau dessin à la plume.

TORO

88 — *Projet de Fontaine.*

Sépia.

TRINQUESSE

89 — *Jeune Femme lisant.*

Estampe, rehaussé de blanc.

VAN LOO

(Attribué à C.)

90 — *Portrait de jeune Fille coiffée d'un chapeau rose.*

Pastel.

VAN HUYSUM

91 — *Paysage avec monuments en ruine et personnages.*

Fin dessin à l'encre de Chine.

VERNET

(J.)

92 — *Port de pêche.*

Encre de Chine.

VERNET

(CARLE)

93 — *La France reconnaissante proclame Napoléon Ier, empereur des Français.*

Fin dessin à la sépia.
Gravé.

VINCI

(Attribué à LÉONARD de)

94 — *Portrait de Femme.*

Pierre d'Italie rehaussée de blanc sur papier teinté.
Cadre en bois sculpté.

(Provenant de la collection Robinson.)

WATTEAU

(Attribué à A.)

95 — *Trois croquis.*

A la sanguine, dans le même cadre.

WATTEAU

(Genre de A.)

96 — *Femme vue de dos.*

Sanguine.

ÉCOLE HOLLANDAISE

97 — *Jeune Garçon à une fenêtre.*

Pierre d'Italie.

ÉCOLE HOLLANDAISE

(DEUX PENDANTS)

98 — *Marines.*

Aquarelles.

ÉCOLE FRANÇAISE

99 — *Vénus et l'Amour.*

Aquarelle.

ÉCOLE FRANÇAISE

100 — *Jeune Femme endormie.*

Aquarelle de forme ronde.

ÉCOLE FRANÇAISE

101 — *Portrait de jeune Fille.*

Trois crayons.

ÉCOLE FRANÇAISE

102 — *Portrait de jeune Femme.*

Mine de plomb.

ÉCOLE FRANÇAISE

103 — *Portrait de jeune Femme de profil.*

Encre de Chine.

ÉCOLE FRANÇAISE

104 — *Portrait de jeune Femme.*

Crayon noir.

ÉCOLE FRANÇAISE

105 — *Jeune Femme en buste.*

Crayon noir et sanguine.

ÉCOLE FRANÇAISE

106 — *Portrait d'Homme.*

Encre de Chine rehaussée de blanc.
Cadre en bois sculpté.

ÉCOLE FRANÇAISE

107 — *Le Concert.*

Mine de plomb.

ÉCOLE FRANÇAISE

108 — *Dessin d'illustration.*

Encre de Chine.

DESSINS ET AQUARELLES MODERNES

BAUDRY
(P.)

109 — *Femme nue debout et vue de dos.*

Etude pour une des grâces du foyer de l'Opéra.

BESNARD

110 — *Femme assise.*

Etude à l'encre de Chine rehaussée de blanc.

BOUDIN
(E.)

111 — *Plage à marée basse.*

Pastel.

CHARLET

112 — *Le Marguillier.*

Mine de plomb.

COROT

113 — *Le Lac de Némi.*

Fusain.

DELACROIX

(E.)

114 — *Cavaliers persans.*

Aquarelle.

DELACROIX

(EUG.)

115 — *Scène de la vie d'Hercule.*

Mine de plomb.

DIAZ

(N.)

116 — *Entrée de forêt.*

Aquarelle.

FORTUNY

(Attribué à)

117 — *Un Homme debout.*

Aquarelle.

FERRIER

(GABRIEL)

118 — *Campement au désert.*

Crayon noir.

INGRES

119 — *Étude pour Roger délivrant Angélique.*

Mine de plomb.

MILLET

(J.-F.)

120 — *Le Soir ; Porteuse de fagots.*

Beau dessin au crayon noir.
Signé du monogramme.

MILLET

(J.-F.)

121 — *Un Homme au repos.*

Crayon noir.

DE PENNE

(O.)

122 — *Le Départ pour la chasse.*

Plume.

PILS

(J.)

123 — *Intérieur de café maure.*

Aquarelle signée

RAFFET

124 — *Bataille des Pyramides.*

Croquis à la plume.

(Reproduit dans l'ouvrage de M. Lhomme.)

RAFFET

125 — *Napoléon à Craonne.*

Plume.

(Reproduit dans l'ouvrage de M. Lhomme.)

RAFFET

126 — *Départ d'un convoi.*

Plume et encre de Chine.

(Reproduit dans l'ouvrage de M. Lhomme.)

ROUSSEAU
(TH.)

127 — *Paysage.*

Sanguine.

TROYON
(C.)

128 — *Paysage avec figures.*

Crayon noir rehaussé de blanc.
Signé du monogramme.

www.ingramcontent.com/pod-product-compliance
Ingram Content Group UK Ltd.
Pitfield, Milton Keynes, MK11 3LW, UK
UKHW021034260726
13994UKWH00005B/2137